CHRISTOPHE NYROP

PROFESSEUR A L'UNIVERSITÉ DE COPENHAGUE

L'ARRESTATION

DES

PROFESSEURS BELGES

ET

L'UNIVERSITÉ DE GAND

> Un conflit entre la force et le droit. — Une réponse
> à la légation allemande de Stockholm.

TRADUIT DU DANOIS PAR EMMANUEL PHILIPOT

Avec neuf illustrations hors texte.

LIBRAIRIE PAYOT & Cie

LAUSANNE | PARIS
1, rue de Bourg, 1 | Boul. St-Germain, 106

1917

L'ARRESTATION

DES

PROFESSEURS BELGES

ET

L'UNIVERSITÉ DE GAND

CHRISTOPHE NYROP

PROFESSEUR A L'UNIVERSITÉ DE COPENHAGUE

L'ARRESTATION

DES

PROFESSEURS BELGES

ET

L'UNIVERSITÉ DE GAND

Un conflit entre la force et le droit. — Une réponse
— à la légation allemande de Stockholm. —

TRADUIT DU DANOIS PAR EMMANUEL PHILIPOT

Avec neuf illustrations hors texte.

LIBRAIRIE PAYOT & Cie

LAUSANNE	PARIS
1, rue de Bourg, 1	Boul. St-Germain, 106

1917

Aux professeurs
PAUL FRÉDÉRICQ et HENRI PIRENNE
en témoignage de dévouement confraternel,

Chr. N.

Copenhague, 24 octobre 1916.

I

L'origine du débat.

A la date du 18 mars 1916 les autorités militaires allemandes de Belgique ordonnèrent l'arrestation de deux professeurs de l'Université de Gand, les historiens Paul Frédéricq et Henri Pirenne. Ces deux hommes, deux savants connus dans toute l'Europe, furent expédiés en Allemagne où on les interna provisoirement dans un camp d'officiers. Mais quelque temps après, ils furent évacués sur les camps de prisonniers de Holzminden et de Gütersloh, où ils durent partager l'existence d'autres prisonniers civils de toutes les catégories sociales : on leur assigna une place dans un baraquement, et ils portèrent un numéro et un brassard comme leurs compagnons de captivité. C'est seulement après un temps assez long qu'on les traita avec les égards dus à leur notoriété, à leur rang social et à leur âge.

L'arrestation et la déportation des deux professeurs belges ont produit dans toute l'Europe une impression des plus pénibles, en particulier parce qu'il parut que leur seul crime avait consisté à refuser de seconder le gouverneur général von Bissing dans ses efforts pour transformer en université flamande l'Université de Gand, jusqu'ici française. Mais on n'avait, en dehors de la Belgique, qu'une idée très vague de la signification et de la portée de ces efforts, et comme toute la question de la fondation d'une école supérieure flamande à Gand ne laisse pas que d'être assez embrouillée, je publiai dans le journal de Copenhague *Berlingske Tidende* des 27 et 29 mai 1916, sous ce titre *L'arrestation des professeurs belges*, deux articles[1] où j'exposai historiquement d'une part la situation des langues en Belgique et le conflit linguistique d'où était sortie l'idée de la création d'une université flamande, d'autre part la tentative faite par le gouverneur général pour flamandiser l'Université de Gand, et la protestation catégorique qu'opposèrent à cette tentative non seulement les maîtres de l'Université, mais aussi la population flamande et les directeurs du mouvement flamingant restés en Belgique ou réfugiés à l'étranger.

Mes articles parurent en même temps en traduction suédoise dans le *Stockholms Tidningen*

---

[1] Reproduits dans mon livre *Er Krig Kultur?* chap. IX (ouvrage traduit en français par E. Philipot sous ce titre : *Guerre et civilisation*. Paris. Berger-Levrault. 1917).

PAUL FRÉDÉRICQ

du 28 mai, et ils provoquèrent au bout de trois mois une réponse officielle de la légation allemande de Stockholm. Nous donnons en appendice (append. I) le texte allemand original de cette réponse, qui se trouve publiée in extenso dans le *Stockholms Tidningen* du 26 août et dont le *Berlingske Tidende* du 11 septembre a donné une version danoise. Naturellement la réponse ne s'attaque pas à mon historique des faits antérieurs à 1914, car il ne saurait être ici question de divergences d'opinion ; elle concerne exclusivement ce qui s'est passé après l'occupation et prétend démontrer que mon exposé donne une « image inexacte » de ce qui s'est passé.

En écrivant mes articles du *Berlingske Tidende*, je voulais protester contre un article tout à fait erroné et tendancieux selon moi qui avait paru dans le *Hamburger Fremdenblatt* et qui avait trouvé moyen de se glisser en traduction dans la presse danoise. Je suis heureux que la légation allemande de Stockholm m'ait fourni par sa protestation l'occasion de revenir sur cette question qui a si vivement ému toute l'Europe et dont on ne saurait contester la haute importance morale. Je n'ai cessé d'en suivre le développement avec un intérêt passionné, et j'ajouterai dans ce qui suit un certain nombre de renseignements positifs nouveaux à ceux que j'ai déjà donnés au mois de mai. Ces additions établiront clairement, je l'espère, que mon exposé antérieur était pour tout l'essentiel en conformité parfaite avec les faits et se trouve complètement confirmé par la marche des événements depuis le printemps dernier.

Si je discute avec cette ampleur la réponse allemande, ce n'est pas uniquement pour protester contre la critique qu'elle fait de mon exposé ; c'est aussi parce que je crois qu'une étude de toute la question à un point de vue qui n'est pas celui du gouverneur général peut avoir son intérêt même pour les autorités allemandes ; c'est enfin tout particulièrement parce que j'attribue à cette affaire une vaste portée ; j'y vois une intéressante contribution à l'examen de la question qui met tous les esprits en effervescence et qui joue un rôle essentiel dans la guerre actuelle : la question de l'autonomie des nations. Le conflit auquel a donné lieu la réforme de l'Université de Gand symbolise pour moi la grande lutte qui se poursuit toujours entre la force et le droit, entre la contrainte de l'Etat et la liberté de la pensée.

HENRI PIRENNE

II

Les deux langues.

Afin de bien faire comprendre les diverses questions assez complexes auxquelles se rattache la tentative du gouverneur général pour transformer l'Université de Gand en une institution purement flamande, je commencerai par un bref exposé historique.

La Belgique est un pays où se parlent deux langues, le français et le flamand. Le français a toujours été l'idiome prédominant, mais depuis la Renaissance, les Flamands ont lutté avec énergie pour obtenir que leur langue fût employée et reconnue à côté du français. Dans ces dernier temps surtout, les défenseurs du flamand, ceux qu'on appelle les flamingants, ont déployé une grande activité qui les a conduits à des résultats importants dans beaucoup de domaines [1].

La langue de l'enseignement était exclusivement le français dans les universités belges, sauf dans celle de Gand ; en 1911 il s'y donnait 248 séries de conférences, dont 24 en langue flamande. Mais

[1] Pour plus de détails, voir mon étude sur « Les deux langues » dans la publication de luxe récemment parue à Copenhague et intitulée *Belgien* (La Belgique), p. 108-133.

cet état de choses était loin de satisfaire les flamingants. Ils avaient déjà noté et signalé les grosses difficultés que l'emploi presque exclusif du français pouvait soulever dans une université où la majorité des étudiants étaient des Flamands, et c'est pourquoi ils réclamèrent à plusieurs reprises la fondation d'une université entièrement flamande. Une campagne active fut organisée pour faire aboutir ce projet, et on lança l'idée de créer une université exclusivement flamande à Anvers, qui est, en effet, à tous les points de vue, le centre de la culture flamande. Mais le projet, qui exigeait un très gros effort économique, échoua au premier examen approfondi et n'a pas été repris depuis lors.

Les flamingants s'en tinrent désormais à leur ancienne idée de faire de l'Université de Gand une université purement flamande, et en mars 1911 ils présentèrent à la Chambre un projet de loi dont le premier paragraphe était ainsi conçu : « A l'Université de Gand tous les cours se feront en flamand ». Ce projet souleva une vive agitation et donna lieu à un débat passionné. La majorité en repoussa ce qu'il contenait de trop radical, et le parti flamingant revint au mois d'avril avec un nouveau projet portant que les deux langues seraient placées sur le même pied et jouiraient des mêmes prérogatives, et que l'on doublerait le nombre des professeurs dans tous les cas où le besoin s'en ferait sentir. On maintiendrait les conférences en français, mais on instituerait à côté d'elles autant de conférences flamandes qu'en réclameraient les étudiants. Ce second projet, qui avait le tort de coûter fort cher, se heurta lui aussi à une forte opposition, et l'on vit surgir un nouvel amendement, lequel prévoyait une transformation graduelle de l'Université ; la modification s'opérerait lentement et avec ménagements, au cours d'une série d'années, en tenant le plus grand compte des intérêts des étudiants. Le projet sous cette forme paraissait devoir rallier la majorité du Parlement quand la guerre éclata.

Tel est, dans ses grandes lignes, l'historique du projet de fondation d'une université flamande, lequel allait aboutir pratiquement à la « flamandisation » complète de l'Université de Gand.

Sur ces données historiques il n'y a, comme je l'ai déjà dit, aucune divergence de vues entre la légation allemande et moi. Le désaccord commence au moment où j'entre dans l'exposé de ce qui s'est passé après l'occupation.

III

Les flamingants et le gouverneur général.

Voici ce qui eut lieu après l'occupation de la Belgique :

Le 31 décembre 1915, le gouverneur général prescrivait par décret que le flamand serait la langue de l'enseignement à l'Université de Gand. Ce décret fut accueilli avec le plus grand enthousiasme par la presse allemande de Belgique, qui fit part au monde entier de l'allégresse ressentie par la population flamande à la nouvelle que le gouvernement réalisait ainsi un de ses vœux les plus chers.

Le chancelier allemand s'exprima dans le même sens devant le Reichstag le 5 avril suivant : dans un discours habilement composé, il garantit à la population flamande tout le concours possible de la part du gouvernement impérial dans sa lutte contre l'hégémonie de la culture française en Belgique.

En apparence du moins, tout allait pour le mieux. Les Flamands avaient depuis longtemps ardemment souhaité la fondation d'une université flamande. Or le gouvernement d'occupation venait,

M. PIRENNE ET UN GROUPE D'OFFICIERS AU CAMP DE PRISONNIERS DE CREFELD

dans sa magnanimité, de réaliser de lui-même ce souhait, auquel le gouvernement antérieur avait opposé une tactique de temporisation.

Ainsi les Allemands avaient fait tout leur possible pour aider leurs « frères flamands libérés » à secouer la tyrannie welche, et ils comptaient sans aucun doute que les Flamands saisiraient avec des transports de joie la main tendue vers eux.

J'ai prétendu dans mon article que les Flamands avaient compris les choses autrement que les Allemands ; j'ai dit qu'ils considéraient l'intervention de l'Allemagne dans la question flamande comme une tentative faite pour jeter la dissension parmi les Belges en aggravant l'antagonisme entre Flamands et Wallons et en enfonçant de la sorte un coin entre ces deux moitiés de la nation belge ; voilà pourquoi les Flamands ont repoussé les avances allemandes. J'estime avoir avancé des preuves parfaitement valables de mes affirmations. Mais la légation allemande déclare que mon exposé ne correspond pas à la réalité des faits, et elle s'exprime ainsi dans sa réponse : « Lorsque le professeur Nyrop prétend dans son article que tous les Flamands ont nettement refusé d'accepter une faveur offerte par une main ennemie, et que les flamingants les plus ardents se prononcent dans

les circonstances actuelles contre la fondation
d'une université flamande, ses dires sont en con-
tradiction absolue avec les faits. » Or voici les
faits :

Peu de temps après la promulgation du décret
de M. von Bissing parut une protestation des
plus énergiques signée d'un grand nombre de Flamands. On y lisait :

« Comment l'histoire nous jugerait-elle, nous
autres Flamands, si à un moment où nos soldats
luttent encore contre les vôtres dans les tranchées, nous acceptions des mains du conquérant
un avantage quelconque, même si cet avantage
devait apparaître comme ne faisant que réparer
des injustices passées ? Nous sommes d'une race
qui, toujours dans le passé, a tenu à régler elle-
même ses propres affaires sur son propre sol. »

Et plus loin :

« Quelque difficiles que puissent être les circonstances, il vaut mieux que le pouvoir occupant
ne conserve aucun doute au sujet de notre opinion
et ne soit pas sous l'impression qu'il existe, quant
à la situation internationale, la moindre divergence
de vues entre les Flamands et les Wallons. Ainsi
que l'un des nôtres l'a dit récemment dans une
séance publique du Conseil communal d'Anvers,
le seul point de vue auquel nous autres, Flamands

et flamingants, nous puissions nous placer, c'est celui de l'indépendance de la nation belge. »

La réponse allemande fait une tentative bien étrange pour réduire l'importance de cette protestation; elle ajoute sur un ton méprisant que ce document est signé en majeure partie par des artistes, des musiciens et des fonctionnaires, bref par des gens étrangers à la politique et qu'elle désigne, — sans qu'on voie bien pourquoi, — du qualificatif de « harmlose » (inoffensifs). Serait-il donc vrai que des artistes, des musiciens et des fonctionnaires flamands n'eussent aucune opinion raisonnée sur une question qui pendant des années a été discutée avec passion dans la presse flamande? C'est ce que la légation allemande fera difficilement croire à personne. Et quel autre motif que leur conviction personnelle, profonde, aurait pu les décider à signer une adresse de protestation contre le gouvernement d'occupation? Une telle protestation n'a-t-elle pas précisément une valeur d'autant plus grande qu'elle a été signée également par des Flamands « non politiques ? »

La vérité pure et simple, celle qu'on ne saurait éluder, c'est que les signataires appartiennent à toutes les classes sociales et représentent complètement tout le parti qui avant 1914 luttait pour acquérir à la culture flamande honneur et considération à côté de la culture française. On trouve parmi les signataires non seulement les présidents des deux grands « fonds » dont les ressources importantes sont destinées à l'avancement de la culture flamande, mais aussi plusieurs des membres de l'ancienne commission pour la fondation d'une université flamande. Cette simple constatation emporterait à elle seule la conviction, et je ne puis m'empêcher de manifester ma surprise de la légèreté avec laquelle l'auteur de la note allemande a parcouru mon article et du procédé singulier dont il use pour se débarrasser des faits.

A la protestation des flamingants succéda la protestation non moins énergique de tous les professeurs d'universités, et enfin, après le discours prononcé par le chancelier le 5 avril, — discours qui remettait la question à l'ordre du jour et ravivait le débat, — toute la presse libre de la Belgique, aussi bien flamande que française, protesta elle aussi.

La réponse allemande nous apprend que plusieurs associations flamandes et deux députés d'Anvers se sont maintenant prononcés en faveur de l'université flamande. La situation semble donc s'être modifiée depuis le printemps dernier, époque où j'écrivais mon article ; mais on ne saurait à priori attacher grande importance à ces manifestations de sympathie, attendu qu'elles ne se produisent pas en terre libre, mais dans un pays où règne la dictature militaire, où toute liberté de réunion est suspendue, et où toute parole est soumise à la censure. Néanmoins examinons de plus près les renseignements nouveaux qu'on nous présente.

Lorsque la note allemande affirme que les « véritables chefs » du mouvement flamingant font bon accueil au projet de réforme allemand, cette affirmation est surprenante au plus haut point et témoigne d'une ignorance peu commune de la situation réelle.

La note-réponse nomme deux députés d'Anvers, MM. Augusteyns et Hendrikx, comme étant de chauds partisans de la réforme universitaire allemande. Quiconque est au courant des choses d'Anvers et du mouvement flamingant sait que M. Augusteyns est un personnage de second plan et n'a jamais été un leader flamingant ; par contre M. Hendrikx a une importance beaucoup plus grande, mais on le traite volontiers en « enfant terrible » du parti, en maladroit ami dont les services sont souvent des pavés. Au reste, il n'y a aucune comparaison possible entre lui et M. Louis Franck : celui-ci a toujours été unanimement reconnu comme l'âme de tout le mouvement ; or c'est lui qui est le promoteur de la verte protestation mentionnée ci-dessus contre le plan de réforme du gouverneur général, et c'est à lui que se sont ralliés les plus importants représentants de la cause flamingante.

La note nous explique aussi que plusieurs associations flamandes ont adhéré au projet du gouverneur.

J'enregistre ce fait, sur lequel je reviendrai tout à l'heure. Quelle signification convient-il de lui attribuer, c'est ce qu'il est impossible de déterminer avant de connaître les circonstances particulières dans lesquelles les associations en question ont donné leur adhésion. De plus, on ne saurait évidemment voir dans leur démarche l'expression de l'opinion et de la volonté des Flamands, pour la raison bien simple qu'un grand nombre d'entre eux vivent actuellement dans l'exil. Or ces Flamands exilés, parmi lesquels se trouvent plusieurs flamingants de marque, ont, à plusieurs reprises, fait connaître leur pensée de la façon la moins équivoque. Comme ils vivent en dehors de la région occupée et ne sont entravés par aucune censure, nous avons d'avance la certitude que leurs paroles expriment exactement leurs sentiments et leurs idées. Ils ont parlé, encore tout dernièrement, avec toute la clarté et toute la franchise désirables.

Comme la légation allemande a sans raison mis en doute la justesse de mon exposé des faits, je suis obligé d'attirer son attention sur quelques déclarations survenues au cours de l'été dernier et qui proviennent d'un leader flamingant considérable. Elles sont d'une violence peu commune, et je me serais abstenu de les citer si la légation allemande ne m'y avait pas contraint en essayant de présenter les choses d'une façon si partiale.

Le 21 juillet, jour de la fête nationale belge, les réfugiés tinrent un grand meeting dans l' « Albert Hall » de Londres. Bon nombre d'Anglais assistaient aussi à la réunion. Le député belge bien connu, M. Standaert, qui représente la circonscription flamande de Bruges, prononça en flamand un discours qui interprétait avec force les sentiments de la population flamande et sa parfaite unanimité.

M. Standaert s'occupa tout particulièrement des avances que le chancelier allemand avait faites aux Flamands dans son discours du Reichstag et de la transformation de l'Université de Gand, réforme que les Flamands avaient réclamée longtemps avant la guerre et que le gouvernement d'occupation voulait maintenant imposer de force avec l'arrière-pensée de diviser les Belges. Je donne en extraits la conclusion du discours prononcé par le député belge :

« Qu'on le sache bien, nous Flamands, nous rejetons avec indignation, nous repoussons du pied ce grossier présent de l'ennemi.

» Ce langage de l'Allemagne, ces offres sont une injure au peuple flamand, jugé assez vil pour trahir son honneur, sa Patrie, assez naïf pour se laisser séduire par les promesses du banqueroutier de l'honneur.

» Pas de tutelle pour le Flamand : il n'est pas un mineur, il est assez grand pour défendre ses droits et faire valoir ses griefs. Les Flamands d'aujourd'hui sont comme les communiers d'autrefois :

Die wilden wat was recht,
En wonnen wat ze wilden.

Qui voulaient ce qui était juste, et obtenaient ce qu'ils voulaient.

» Par ailleurs les promesses de l'Allemagne, sa parole donnée, ses serments, sa signature, tout cela n'a pour nous que la valeur d'un « scrap of paper », — un chiffon de papier.

» Les Flamands ne savent que trop bien quels sont les crimes de l'Allemagne à l'égard des droits de race et de langue des Polonais en Pologne, des

AU CAMP DE PRISONNIERS DE HOLZMINDEN (CLASSE FAITE PAR M. PIRENNE)

Danois au Sleswig, des Français en Alsace-Lorraine. Et ils iraient se confier à ces gens-là?

» J'ai vu de mes yeux, lors de ma mission dans l'Afrique du Sud, les Boers germanophiles, en apprenant les atrocités commises en Flandre, se détourner avec horreur de ces barbares et s'en aller, côte à côte avec l'Anglais, combattre l'Allemand. Et nous, les victimes de ces atrocités, nous, les Belges, les Flamands, nous irions au-devant de nos propres bourreaux? Les tombes de nos martyrs s'ouvriraient, les restes de nos soldats morts pour la Patrie frémiraient, les ruines de Louvain, de Termonde, d'Aerschot, d'Ypres nous lapideraient si nous mettions la main dans les mains de ces barbares qui ont anéanti les glorieux chefs-d'œuvre de l'art flamand, qui ont torturé nos vieillards, violé nos femmes, assassiné nos petits enfants. (Bravos.)

» Entre les Flamands et l'Allemand il y a désormais un mur, le mur de la barbarie : il nous a martyrisés dans la chair de notre chair, dans le sang de notre sang. Et, pendant des générations, les mères de Flandre apprendront à leurs enfants cette prière : « De la rage des Teutons, délivrez-nous, Seigneur ! »

» La Belgique de demain sera une Belgique sans

joug ni tutelle, où tous les citoyens, unis dans une même pensée, travailleront à la restauration et à la grandeur de la Belgique. De Liége à l'Yser, les Wallons et les Flamands ont de leur sang cimenté et sanctifié le sol de la Patrie. »

Ce témoignage de poids, fourni par un flamingant notable parlant librement au nom de milliers et de milliers de Flamands, prouve suffisamment que je n'ai pas donné une image infidèle de l'état de l'opinion en présence de la tentative faite par le gouvernement d'occupation pour gagner les Flamands au moyen d'une réforme universitaire. J'ajoute qu'il me serait facile de citer toute une série de déclarations analogues, que j'emprunterais soit à des hommes tels que Stijn Streuvels et Franz van Cauwelaert, soit à des articles de tête des feuilles belges les plus importantes non soumises à la censure allemande, — et il ne s'agit pas, notons-le bien, de journaux rédigés en français et francophiles, mais de journaux flamands qui dans d'autres circonstances auraient lutté pour la cause flamingante, par exemple *Het Belgische Dagblad, Het Vaderland, Belgische Standaard, De Stem uit Belgie*, etc. Dans tous ces articles reparaît la même idée essentielle : nous n'avons rien sollicité du gouvernement d'occupation et nous ne voulons tenir aucun cadeau des mains de

l'ennemi ; le fait d'offrir des faveurs dans les circonstances actuelles dénote incontestablement l'arrière-pensée de compromettre ceux que l'on a d'a-
bord offensés en leur faisant pareille offre.

Je peux même citer un journal flamand paraissant dans le territoire occupé. Il s'intitule *De
Vlaamsche Leuw* et forme un excellent pendant à
La libre Belgique [1]. Personne ne sait qui le ré-
dige, personne ne sait où il s'imprime, personne
ne sait qui le distribue. Et cependant on le trouve
partout. Il proteste contre le régime allemand et
repousse tout rapprochement ; en tête de chaque
numéro on lit ceci : « En ces temps de deuil et
d'épreuve, nous nous rallions, nous, Flamands,
sans aucune réserve, à nos frères Wallons, sous
notre drapeau tricolore belge et nous partageons
avec eux les mêmes besoins et les mêmes dangers.
Nous sommes convaincus que, quand la victoire
finale aura été remportée, nous partagerons aussi,
ensemble, les mêmes droits. » Je ne possède malheureusement pas d'exemplaire original de *De
Vlaamsche Leuw*, qui ne sort que très rarement de
la Belgique. J'ai traduit ce qui précède d'après une
excellente reproduction en fac-simile d'un numéro
du 15 juin 1916. L'adresse de la rédaction est rédi-

---

[1] Sur cette dernière feuille, voir CHR. NYROP, *Guerre et Civilisation*, p. 34.

gée sous cette forme piquante : « Kommandantur Brussel, rechtover de Drukkerij van « La libre Belgique [1]. »

Je conclus, après avoir scrupuleusement examiné d'une part les arguments de la note allemande et d'autre part les documents flamands, que l'exposé donné par moi en mai dernier de l'état des esprits chez les Flamands était et est encore en conformité parfaite avec la réalité. L'auteur de la note allemande saura désormais qu'autre chose est d'envisager une question à un point de vue politique, militaire et diplomatique, autre chose est de l'étudier suivant les règles de la méthode scientifique, qui consiste à examiner d'abord les sources et à peser leur valeur, pour éclairer ensuite le sujet sur toutes ses faces d'après *tous* les documents recueillis et sans tenir compte des nécessités pratiques du moment.

IV

L'arrestation des professeurs et le gouverneur général.

Mon article mettait l'arrestation et la déportation des deux savants belges en relation avec leur

---

[1] Hôtel du commandant, à Bruxelles, en face de l'imprimerie de *La libre Belgique.*

AU CAMP DE PRISONNIERS DE GÜTERSLOH : M. FRÉDÉRICQ DANS SA CHAMBRE

attitude d'opposants vis-à-vis de la réforme de l'Université de Gand et je citais comme point de départ de l'événement le récit donné par l'*Indépendance belge* d'où il résultait que M. Pirenne, au cours d'une audience chez M. von Bissing, aurait déclaré ne vouloir accepter les fonctions de recteur d'une université flamande que si sa nomination était signée par Sa Majesté Albert Ier, roi des Belges.

La réponse allemande nous apprend que M. Pirenne n'a jamais été reçu en audience par M. von Bissing et que la résistance des deux professeurs contre la réforme universitaire n'est pas la seule raison de leur arrestation ; elle m'accuse à cette occasion de donner « un récit entièrement inexact des faits. »

Je proteste avec énergie non seulement contre cette accusation, mais aussi contre le genre de polémique dont on se sert en ce qui concerne le premier point.

La légation allemande s'exprime ainsi :

« D'abord, pour ce qui est de la déportation des deux professeurs, M. Nyrop adopte (*macht zu eigen*) la fable, déjà réfutée bien des fois, d'après laquelle le gouverneur général baron von Bissing aurait convoqué le professeur Frédéricq, — d'autres disent le professeur Pirenne, — pour le décider par des offres brillantes à accepter le poste de recteur de la nouvelle Université de Gand. »

Or c'est précisément ce que je n'ai pas fait. Je n'ai pas adopté cette fable ; je me suis trop occupé, par métier, des récits de ce genre, de la façon dont ils se créent et se transmettent, pour ne pas avoir sans cesse présent à l'esprit qu'ils sont en général d'une authenticité douteuse. Aussi écrivais-je textuellement : « Que le fait soit exact ou non, personne ne le sait. Il se pourrait fort bien qu'il fût un produit de l'imagination, et le *Hamburger Fremdenblatt* l'a démenti de la façon la plus catégorique. »

Ainsi donc, ou bien la légation allemande de Stockholm ignore le suédois ou bien nous avons affaire ici à une erreur d'espèce très particulière que des raisons de courtoisie internationale m'interdisent de caractériser aussi fortement qu'elle le mérite. Comme chacun peut s'en rendre compte, bien loin d'adopter le récit en question, je l'ai considéré plutôt comme une fantaisie et j'ai loyalement enregistré le démenti donné par une feuille allemande.

Cependant je n'avais pas une confiance absolue dans ce démenti allemand, attendu que d'autres renseignements contenus dans le même article étaient inexacts ; j'avais donc le droit de dire que nous ne possédions pas encore de preuve décisive pour ou contre l'authenticité de l'anecdote. Je sais maintenant qu'elle est apocryphe et je le tiens de la meilleure source possible, car c'est le gouverneur général lui-même qui l'a démentie dans une lettre adressée par lui à l'un de mes collègues suédois.

En effet, M. Pirenne est membre étranger de « l'Académie royale suédoise de littérature, histoire et archéologie ; » et pour avoir des renseignements authentiques sur son sort, un membre suédois de cette Académie écrivit directement au gouverneur général. Celui-ci répondit par une lettre en date du 9 juillet 1916, qui a paru en traduction suédoise dans le *Stockholms Dagblad* du 6 août et en traduction danoise dans le *Berlingske Tidende* du 11 septembre. Nous la donnons dans notre appendice N° II.

M. von Bissing déclare catégoriquement dans cette lettre qu'il n'a jamais parlé à aucun des deux professeurs en question. Le problème est résolu du même coup. Une fois de plus il s'est trouvé qu'une anecdote « historique » était un simple produit de l'imagination, et si mon livre *Guerre et civilisation* parvient à sa troisième édition, je corrigerai la phrase où il est dit que personne ne sait si l'anecdote est vraie ou fausse [1].

Pourquoi donc ces deux professeurs, qui ne sont pas des combattants, ont-ils été transportés en Allemagne comme prisonniers de guerre ? Le gouverneur général donne les raisons suivantes : « Le commandement du secteur d'étape auquel appartient la ville de Gand a fait transférer en Allemagne les deux professeurs parce qu'ils ont, par des procédés prohibés, agi sur leurs collègues afin de les détourner de leurs devoirs professionnels et utilisé à cet effet des ordres illégaux que le gouvernement belge avait fait parvenir secrètement par la Hollande au conseil rectoral de Gand. Ils ont contrevenu de la sorte à la déclaration de fidélité et de loyalisme que les fonctionnaires belges, — y compris les professeurs d'universités — ont donnée au gouvernement d'occupation conformément à la convention de La Haye. »

La première autorité de Belgique a donc informé le monde des motifs pour lesquels ont été déportés les deux professeurs ; ces explications exciteront le plus vif intérêt dans les milieux savants et dans tous les milieux. Il est donc établi que MM. Pirenne et Frédéricq ont été expédiés en Allemagne parce que, dans l'affaire de l'Université

---

[1] La rectification a été faite dans la version française, p. 92.

de Gand, ils ont essayé d'exercer une action sur leurs collègues ; autrement dit leur arrestation se rattache étroitement, comme je l'avais indiqué, à la réforme universitaire. Pourtant il est impossible, fût-ce sous un régime de dictature militaire, de considérer comme un acte punissable le fait de délibérer avec des collègues sur une démarche en commun dans une affaire aussi grave : c'est pourquoi la note allemande fait valoir que les deux professeurs ont agi d'après les instructions qu'ils avaient reçues de leur gouvernement. Cet argument, qui a peut-être sa valeur à un point de vue militariste, montre pleinement à quel point le régime actuel a bouleversé toutes les notions et toutes les valeurs. Il jette un jour cru sur les lamentables absurdités auxquelles ont conduit la guerre, l'occupation et l'annexion. Le patriotisme, le loyalisme, la fidélité sont devenus de la haute trahison. N'est-ce point ce que chantent les sorcières de Macbeth en dansant sur la bruyère : *Fair is foul, and foul is fair ?*

L'arrestation des professeurs soulève des problèmes de l'espèce la plus grave et la plus difficile. La décision de la force militaire en un pareil domaine où les sentiments les plus nobles et les plus profonds d'un être humain sont mis en jeu, est naturellement dépourvue de valeur au point de vue purement moral. En outre, pour se former une opinion impartiale sur le prétendu délit reproché aux deux professeurs, il faut connaître le témoignage de la partie adverse. L'axiome *audiatur et altera pars* est le fondement élémentaire de toute justice humaine. Or la cause se présente sous un aspect tout différent si on interroge l'autre partie. L'adresse envoyée au gouverneur général par tous les professeurs d'universités s'exprime ainsi : « MM. Frédéricq et Pirenne sont des hommes adonnés à la science, des professeurs dévoués à leurs fonctions et des citoyens d'une honorabilité incontestée. En ce qui concerne les obligations du corps professoral envers le pouvoir occupant et la conciliation de ces obligations avec les devoirs du patriotisme, l'idée que s'en font les deux membres frappés ne diffère en rien de celle de leurs collègues. »

Pour se prononcer en toute équité dans ce procès il faut placer cet important témoignage à côté des déclarations de M. von Bissing. Enfin il nous manque un document du plus grand intérêt, je veux dire l'exposé personnel des deux professeurs emprisonnés ; mais il est clair que nous ne pourrons l'avoir qu'après la guerre, et en son absence nous ne saurions nous flatter de posséder tous les matériaux nécessaires pour juger définitivement du conflit entre les professeurs et le gouverneur général.

M. von Bissing allègue aussi dans sa lettre que les deux professeurs auraient enfreint la déclaration de loyalisme qu'en qualité de fonctionnaires d'un pays occupé ils avaient signée conformément à la convention de La Haye.

J'avoue franchement que je suis quelque peu surpris de cet appel à la convention de la Haye, mais, pour des raisons faciles à comprendre, je ne m'attarderai pas sur ce point. En revanche je commenterai volontiers l'allusion à la déclaration de loyalisme par le renseignement suivant que je tiens d'une source dont la véracité doit être considérée comme au-dessus de tout soupçon.

Au commencement du mois de juillet 1916 les Allemands évacuèrent l'Université de Liége et mirent toutes les salles de cours à la disposition du personnel enseignant. Mais on s'aperçut qu'elles ne pouvaient être utilisées à cause des dégâts commis par les soldats.

Le président civil de la province, qui agissait d'après des ordres de la « kommandantur » allemande, saisit l'occasion pour convoquer le recteur de l'Université, M. Lepaige, et insista très vivement pour obtenir une déclaration signée des professeurs et constatant qu'ils consentaient à repren-

dre leurs cours. « Cette déclaration ne les engage
en réalité à rien », ajouta le président. « Je le
sais », répondit M. Lepaige, « mais les professeurs
ne le pensent pas. Ils disent que leurs collègues de
Gand, qui n'ont pas hésité à signer de bonne foi
une déclaration de ce genre, ont été déportés en
Allemagne pour avoir refusé de reprendre leurs
cours ; et rien ne pourrait décider ceux de Liège
à apposer leur signature ».

Les relations entre le gouverneur général et les
professeurs d'universités reflètent à certains égards
les relations qui existent entre le gouverneur général et tout le peuple belge. Je citerai à ce propos
quelques paroles de l'évêque Heyler dans la réponse
qu'il fit à la lettre écrite le 4 juin par le gouverneur
général.

M. von Bissing avait rappelé à l'évêque la convention de La Haye. L'évêque l'invoquait aussi dans
sa réponse et ajoutait : « Cette convention n'est
pas faite seulement dans l'intérêt de l'envahisseur
mais aussi du pays occupé ; à celui-ci elle assure
le respect de ce qu'il y a dans l'âme humaine de
plus élevé et de plus noble, l'amour de la Patrie,
et elle impose à l'armée occupante d'éviter toute
offense à ce patriotisme. Or, nous subissons à ce
sujet de douloureuses violences et c'est ce que

nous déplorons avec le plus d'amertume dans l'occupation allemande. Il semble qu'on veuille partout contrarier, étouffer, réprimer le sentiment patriotique, dont le maintien est pourtant un droit et est, de plus, indispensable à la tranquillité du peuple. »

Je terminerai mon analyse de la lettre du gouverneur général en citant une déclaration dont j'ai eu récemment connaissance et qui se concilie assez mal avec les accusations portées par M. von Bissing contre les deux professeurs.

Un étranger domicilié en Hollande, qui se donne comme très bien renseigné, m'a appris que les autorités allemandes de Bruxelles et de Berlin, interrogées par le représentant d'un État neutre sur le motif de l'arrestation des deux professeurs, avaient répondu qu'on ne leur reprochait aucun acte délictueux, mais qu'on jugeait leur présence en Belgique « indésirable ».

Voici donc deux témoignages divergents en présence. L'avenir nous apprendra lequel des deux est le vrai. Naturellement je ne mets pas en doute la parole du gouverneur général ; mais il nous déclare lui-même que ce n'est pas lui qui a fait arrêter les deux professeurs. L'affaire a été réglée par une autre autorité, et il serait certainement impossible au gouverneur général d'entrer dans le détail de toutes les « affaires » actuellement pendantes en Belgique.

Au reste, quant à l'affaire qui nous occupe, je ne crois pas qu'on puisse mettre en doute que sur un point spécial le gouverneur général ait été insuffisamment renseigné. Sa lettre même le prouve avec toute la clarté désirable.

M. von Bissing explique que les deux professeurs furent conduits dans un camp d'officiers prisonniers en Allemagne et il ajoute : « Aussitôt après leur départ j'avais recommandé à l'autorité militaire compétente de leur assigner une ville universitaire allemande pour qu'ils pussent s'y mouvoir librement et y poursuivre leurs études si bon leur semblait. Si cette recommandation n'a pas été suivie, cela tient avant tout à ce que M. Frédéricq a exprimé le désir formel de rester dans son camp d'officiers prisonniers. »

Ainsi donc le gouverneur général laisse entendre que les deux professeurs, qui depuis le mois d'octobre ont été transportés par ordre à Iéna, se trouvaient en août dans un camp d'officiers prisonniers. Il ne soupçonne pas le traitement qui fut infligé au professeur Pirenne ; il ne sait pas que ce professeur ne fut interné que très peu de temps dans un camp d'officiers, et qu'on le trans-

M. PIRENNE ET UN GROUPE D'INTERNÉS AU CAMP DE HOLZMINDEN

porta le 15 mai dans un camp civil où il dut vivre
dans la compagnie de prisonniers dont beaucoup
appartenaient aux classes sociales les plus hum-
bles. La preuve irréfutable de ce fait est fournie
par notre figure de la page ci-contre, laquelle re-
produit une photographie originale appartenant à
M. Ed. Pirenne, un fils du professeur.

Je rappellerai à ce propos les considérations
que j'ai développées ci-dessus à l'occasion de la
réponse de la légation allemande, et j'insisterai
de nouveau sur l'énorme différence qui existe entre la façon dont l'autorité politique et militaire
envisage une question et le point de vue purement objectif et scientifique. Le général a négligé
en partie cette différence le jour où il a apposé
son nom au bas de la lettre écrite au linguiste
suédois. Ce document devait renseigner l'univers
sur ce qui s'était réellement passé dans le cas des
deux professeurs belges, mais il n'a pu supporter
entièrement l'épreuve d'un examen critique et historique.

Lorsqu'une destinée malheureuse a confié à un
homme la mission peu enviable, ou, pour mieux
dire, la mission infiniment déplorable de gouverner
un pays occupé au nom de la force et au mépris
du droit, cet homme doit se garder avec soin
d'aggraver de lui-même la disgrâce de sa situation.

Le gouverneur général eût certainement **mieux** fait de ne pas écrire la lettre analysée ici.

V

Les Flamands germanophiles et le gouverneur général.

J'ai signalé plus haut la richesse extraordinaire des documents témoignant de l'énergique résistance que les Flamingants ont opposée à la réforme universitaire. Mais j'ai fait observer, d'autre part, que dans ces derniers temps des voix se sont élevées aussi parmi les Flamands en faveur du projet allemand, et je vais rendre compte du document le plus récent en cette affaire, — une adresse de confiance publiée le vendredi 1er septembre 1916 dans les feuilles belges paraissant en territoire belge occupé. Cette adresse a paru ensuite dans le *Nieuwe Courant* de la Haye, dont j'utilise le texte.

Elle remercie le gouverneur général d'avoir contribué à réaliser l'idéal du peuple flamand, qui était l'université flamande, et d'avoir accordé les crédits nécessaires à cet effet. Au reste, l'adresse prend l'allure d'une apologie souvent ingénieuse du projet du gouverneur, mais n'apporte rien de nouveau ni d'intéressant.

On y souligne qu'une université flamande est

une nécessité absolue pour la culture flamande, et que la création de cette université a été pendant longtemps un objectif essentiel pour la population flamande ; le projet du gouverneur général a donc une raison d'être reconnu par les Flamands ; c'est une mesure de pure justice prise dans l'intérêt de l'avenir du peuple flamand. On fait valoir également que si la guerre n'était pas survenue, les Chambres auraient peut-être réalisé déjà le projet d'une université flamande. L'adresse conclut que « la mesure prise par l'autorité allemande ne doit pas être considérée comme une faveur obtenue par prière ni comme un don gratuit, mais comme une réparation depuis longtemps réclamée et trop longtemps ajournée. »

Avec une réelle habileté dans l'interprétation juridique, l'adresse rappelle que l'usage de la langue française dans l'université se fonde sur un décret royal de 1849 ; elle conclut de là que le gouverneur général peut introduire le flamand comme langue d'enseignement sans violer les lois du pays, et que c'est son devoir de le faire, attendu qu'il doit, conformément à la convention de La Haye, prendre toutes les mesures possibles pour rétablir l'ordre public et la vie publique, et qu' « une vie publique est inconcevable dans notre pays sans un enseignement bien organisé » : c'est pour-

quoi l'existence d'une université flamande à Gand
est un impérieux besoin social. L'adresse déclare
finalement que ce serait un malheur pour la jeunesse étudiante si l'université restait plus longtemps fermée.

Le nouveau manifeste flamand émane de la
« Vlaamsche Hoogeschool-Bond »[1], une ligue qui
s'est fondée après l'occupation allemande. Son
comité directeur comprend les deux parlementaires
désignés ci-dessus, MM. Leo Augusteyns et Adel-
fons Hendrikx, que tous les journaux belges stig-
matisent comme deux traîtres.

Le manifeste porte environ 100 signatures, et le
correspondant hollandais nous explique que parmi
les signataires se trouvent des représentants éminents du mouvement flamingant. Voyons donc
d'un peu près ce que sont ces personnalités, dont
les noms ont été du reste publiés dans divers
journaux.

La plupart des signataires sont en fait ce que
les Français appelleraient « d'illustres inconnus » :
ingénieurs sans clientèle, vétérinaires, avocats
sans causes, dentistes, droguistes, etc..., dont les
noms n'avaient jamais paru auparavant dans aucune feuille. Une vingtaine seulement sont des
personnes connues ; mais la plupart d'entre elles

[1] « Ligue flamande de l'Enseignement supérieur. »

ont été depuis longtemps désignées comme travaillant pour la cause allemande. Je citerai MM. Keersmacker, Claus, Auguste Borms, L. Brulez, Jacob, W. Thelen, etc. Voilà donc les gens qui seraient les vrais interprètes des sentiments des Flamands à l'égard de l'université du gouverneur général. La chose paraît vraiment un peu trop bizarre.

Faisons maintenant une contre-épreuve. Il n'est pas seulement intéressant de savoir qui signe ; il peut être très instructif aussi de savoir qui ne signe pas. Or je constate qu'aucun des nombreux hommes politiques, savants et artistes qui avant 1914 appuyaient la pétition aux Chambres en faveur de la création d'une université flamande, pas un seul leader flamingant considéré, n'a signé le manifeste dont il s'agit ; je me trompe : un membre du clergé belge, un seul, qui autrefois avait travaillé activement pour la cause flamingante, apposa sa signature ; mais cet unique prêtre, M. van Cock, la retira peu de temps après.

Et maintenant que l'on compare ce lamentable manifeste, cette adresse de confiance et de sympathie au gouverneur général, avec l'adresse de protestation signée de toutes les personnalités marquantes du monde flamand, et tout observateur impartial sera forcé de constater que le résultat de bientôt deux ans de pression exercée sur la population flamande a été plus que maigre.

Un historien impartial doit se montrer toujours très prudent lorsqu'il s'agit d'apprécier la valeur d'une adresse de confiance rédigée dans un territoire occupé et destinée à approuver les procédés du gouvernement d'occupation. Il faut ajouter, dans le cas actuel, cette circonstance particulière qu'en plusieurs passages l'adresse belge présente, par son contenu et par ses termes, des analogies singulières avec la note-réponse de la légation allemande. L'argumentation de l'adresse flamande est pour une bonne part celle du gouvernement allemand lui-même. On est tout surpris de constater que les Flamands n'ont pu trouver d'eux-mêmes une expression pour leur sympathie.

L'adresse est signée, comme nous l'avons dit, d'une centaine de noms ; et c'est assurément tout ce qu'on a pu mobiliser. Elle cite elle-même le fait bien connu qu'une adresse antérieure, envoyée au Parlement avant la guerre, portait cent mille signatures. Comme je ne connais pas exactement les conditions dans lesquelles les deux adresses ont été lancées, je ne céderai pas à la tentation de tirer des conclusions précises de ces deux chiffres et de les prendre pour l'expression de l'opinion

M. PIRENNE DANS SA CHAMBRE A HOLZMINDEN

des Flamands sur l'université flamande avant et
après le régime allemand.

Il est certain que l'adresse eût paru plus con-
vaincante si elle avait été signée par quelques-uns
des flamingants connus qui avaient autrefois adhéré
à la protestation de Louis Franck et si elle avait
contenu plus de sentiment, plus d'enthousiasme
patriotique, moins de considérations historiques
banales, moins d'ergotage juridique.

En réalité elle n'est pas l'expression spontanée
de l'opinion générale d'une population; c'est un
document sec, bureaucratique, inspiré par des
considérations d'opportunité, et écrit dans le plus
déplorable style de chancellerie.

Il n'est pas non plus difficile de répliquer aux
arguments allégués. On nous dit par exemple que
c'est un malheur que l'Université ait été fermée
pendant vingt-deux mois. Mais il n'y avait qu'à
l'ouvrir de nouveau et à laisser l'enseignement
s'y poursuivre comme avant le mois d'août 1914.
Il y avait alors à Gand une vie universitaire très
active qu'on aurait pu aisément faire refleurir.
C'est précisément le projet désespéré du gouverneur général qui a tout arrêté et fait le désert.

Les signataires de l'adresse conjurent tous les
Flamands d'appuyer la réforme du gouverneur et

ajoutent : « En vous adressant cet appel, nous avons sans cesse présent à l'esprit que nos frères, dans les champs de bataille et dans les tranchées, ont scellé de leur sang la renaissance complète de la race flamande et que l'idéal qui les anime, et qui est celui de la justice à rendre aux droits des petites nations, est indissolublement lié dans leurs pensées au vœu et à la volonté de hâter l'avancement du peuple flamand. »

Comprenne qui voudra ces paroles. Au lecteur ordinaire elles paraissent bien obscures et bien embrouillées. Il semble pourtant hors de doute que cette obscurité est voulue, et on en comprend aisément les raisons ; mais je m'abstiendrai de tout commentaire personnel plus approfondi. Tous ceux qui connaissaient la véritable opinion des Flamands libres sur la question pouvaient prévoir que ces phrases de l'adresse soulèveraient une protestation frénétique. La réaction ne s'est pas fait attendre longtemps. Je suis en mesure de citer toute une série de protestations particulièrement vigoureuses qui ont paru dans des journaux belges de langue flamande comme de langue française. Un long article sur le manifeste, publié dans *Les Nouvelles*, de Maestricht, le 22 septembre, constate en terminant que les signataires sont considérés comme des traîtres par les autres

Flamands du territoire occupé et ajoute : « On ne les salue pas dans la rue ; on les évite comme la peste ou on leur crache au visage, comme le cas s'est produit dans plusieurs villes. » Un journal flamand observe que les signataires n'ont aucun droit à être appelés Flamands ; ce sont tout simplement « des individus qui habitent en Flandre ».

Enfin, je rappellerai que l'ancien bourgmestre d'Ypres, M. Colaert et M. van Cauwelaert, député d'Anvers, ont désavoué de la façon la plus catégorique les auteurs du manifeste et leurs déclarations.

Au reste, le manifeste des Cent a provoqué un contre-manifeste très énergique, qui a été publié par les Wallons et les Flamands fraternellement unis. Ils développent cette idée que la fondation d'une université flamande est une nécessité absolue... après l'occupation allemande. Tant que l'ennemi foule encore le sol de la patrie la question doit nécessairement rester en suspens ; le projet d'une réforme universitaire est considéré comme illégal en vertu de l'article 43 de la quatrième convention de la Haye du 18 octobre 1917, qui oblige la puissance occupante à respecter toutes les lois en vigueur dans le pays occupé. On invoque aussi un manuel allemand sur les usages de guerre, où il est dit : « Attendu que la puissance occupante ne fait que se substituer au gouvernement du pays, elle continuera à administrer au moyen des lois et règlements existants. Elle doit s'abstenir d'édicter des lois nouvelles, de suspendre ou de modifier les lois préexistantes et de prendre toute mesure extraordinaire de ce genre, à moins que ces mesures ne puissent se justifier par les exigences inflexibles de la guerre, qui seules donnent à la puissance occupante le droit de légiférer en dehors de ce que réclame l'administration provisoire du pays. » Or, la fondation d'une université flamande n'a absolument rien à voir avec les exigences de la guerre. Sous prétexte de faire des avances aux Flamands la réforme universitaire vise à diviser les Belges pour tirer parti de leur désunion. Ce plan perfide, que le manifeste des Cent passe complètement sous silence, suffit pour que l'on repousse nettement le cadeau. On fait remarquer aussi combien il est inadmissible que les Flamands travaillent pour une université flamande tant que les deux professeurs les plus célèbres de Gand se trouvent dans les prisons allemandes pour n'avoir pas voulu se faire les complices des Allemands ; on déclare que les étudiants flamands doivent attendre, pour reprendre leurs études, le retour de leurs camarades qui servent leur patrie depuis deux ans.

Enfin, il est dit que les signataires du manifeste ne parlent pas au nom du peuple flamand ; ceux qui ont qualité pour ce faire et dont beaucoup ont signé la première protestation contre von Bissing, ont tous refusé d'apposer leurs noms au bas d'une adresse qu'ils désapprouvent. Le contre-manifeste termine en exprimant l'espoir que les Flamands sauront lutter contre un projet qui a le double but de diviser les Belges et de les placer sous le joug allemand, et il approuve entièrement la conduite des professeurs Frédéricq et Pirenne, qu'il signale avec admiration et sympathie.

Après l'apparition de ce manifeste, on ne saurait mettre en doute que les sentiments des Belges à l'égard de l'université du gouverneur général n'ont subi aucun changement notable.

VI

L'université du gouverneur général.

J'ai écrit dans mon article que l'université flamande dont le gouverneur général avait décrété la fondation, fut hors d'état de fonctionner, faute de professeurs et d'étudiants.

Naturellement la réponse allemande n'a pas

contesté ce fait, — l'université n'a pas fonctionné pendant le premier semestre ; mais elle explique que le règlement de l'université flamande sera très promptement appliqué d'une façon tout à fait constitutionnelle, qu'il se trouvera en automne un effectif suffisant de maîtres, et qu'un grand nombre d'étudiants flamands n'attendent que la reprise des cours et conférences.

Assurément il n'y a rien d'impossible à ce que le gouvernement d'occupation puisse trouver un nombre suffisant de professeurs et amener des étudiants flamands à écouter leurs leçons ; mais jusqu'à présent les résultats ne sont pas très encourageants.

Au printemps, on avait répandu le bruit que plusieurs des professeurs de Gand avaient pris l'engagement d'enseigner en flamand, mais il apparut que la nouvelle était fortement exagérée. Quatre — je dis quatre — professeurs offrirent leurs services, et parmi eux il n'y avait qu'un Belge, M. G. de Vreese, qui avait déjà encouragé avant 1914 le mouvement séparatiste et entretenait des relations étroites avec la presse allemande. Les trois autres étaient des étrangers : M. Stöber est né en Allemagne, M. Hoffmann au Luxembourg et M. Hogemann en Hollande.

Au cours de cet automne, le recrutement des

professeurs pour l'université du gouverneur s'est fait un peu mieux, et au commencement de septembre 1916 on publiait une liste officielle contenant les noms de quinze maîtres qui avaient accepté les propositions de M. von Bissing.

Ces quinze nouveaux professeurs sont : MM. J. de Decker (philologie classique) ; Lucien Brulez (philosophie) ; Peiter Lodewijk Tack (philologie néerlandaise) ; Baehrens, maître de conférences à Groningue (philologie classique) ; E. C. Godée-Molsbergen, lecteur à l'université d'Amsterdam (économie nationale); Alfons van Roy, de Gand (droit) ; F. Stöber (botanique) ; Cesar de Bruÿker (botanique); Jan Versluys, maître de conférences à Amsterdam (zoologie et anatomie) ; A. van den Berghe, de Gand (chimie) ; J. J. Ph. Valeton (chimie) ; M. G. J. Minnaert, de Gand (physique); Adr. Martens (pathologie) ; Joseph de Keersmaecker (urologie) ; A. Fornier, de Gand (technologie).

On ne peut pas dire que le résultat soit brillant ; parmi les nouveaux professeurs, on en compte deux ou trois qui ont été autrefois attachés à l'université de Gand; le gouvernement belge les considère comme des transfuges et les a provisoirement rayés de la liste des chevaliers de l'ordre de Léopold. De plus, le gouverneur général a enrôlé quelques maîtres de conférences hollandais (nous allons voir de quels yeux leurs compatriotes les considèrent), et divers professeurs de lycées belges.

Pour ce qui est des Hollandais, les journaux de Hollande, le *Nieuwe Courant* en tête, ont expliqué que pas un d'entre eux ne saurait être compté comme Hollandais pur sang ; ils appartiennent à des familles allemandes naturalisées ou ont été fonctionnaires allemands. Ainsi M. Versluys a rempli les fonctions de maître de conférences à Giessen ; M. Valeton a fait ses études à Leipzig, où il a habité pendant plusieurs années, et M. Godée-Molsbergen était maître de conférences à Stellenbosch, dans l'Afrique du Sud.

On comprend dans ces conditions que plusieurs journaux étrangers ne parlent plus de la « flamandisation » de l'université, mais bien de sa germanisation. Il est intéressant de rapprocher de ce fait divers renseignements qui ont été donnés récemment et d'où il paraît résulter qu'au début l'intention était vraiment de germaniser l'université de Gand. Je songe ici à la lettre que M. Harald A. Graevell adressa, dans les premiers temps de l'occupation, au général von der Goltz et dans laquelle il exprimait cette idée que la fondation d'une université flamande serait le meilleur

moyen de germaniser la Belgique ; il demandait
en même temps qu'on étendît le plus possible
l'usage de la langue allemande comme langue de
l'administration supérieure dans les Flandres. Ce
programme s'accorde bien avec les vues que les
pangermanistes avaient développées antérieurement
au sujet de la Hollande. En effet, dans divers
écrits politiques qui se succèdent depuis 1890 environ, nous voyons se manifester l'idée que la
Hollande devrait entrer comme partie intégrante
dans la « Grande Allemagne » cependant que le
hollandais céderait peu à peu la place au haut-
allemand. Les rêves pangermanistes, que formu-
lèrent par exemple M. Fritz Bley dans ses deux
livres : *Die Weltstellung Deutschlands* (1896) et
Die alldeutsche Bewegung und die Niederlande
(1897) comprenaient non seulement la Hollande,
mais aussi le Luxembourg et les Flandres.

Je reviens à la liste des professeurs nouvelle-
ment nommés. De nombreux journaux s'en sont
égayés, et l'*Echo Belge* demande ironiquement où
les nouveaux professeurs du gouverneur général
ont pris les titres dont ils se décorent : ils s'inti-
tulent D[r] med. [1], D[r] jur. [2], D[r] phil. [3]. Mais ces

---

[1] Docteur en médecine.
[2] Docteur en droit.
[3] « Docteur en philosophie » (lettres et sciences).

titres sont allemands, ajoute le journal ; ils n'ont jamais existé dans aucune université belge depuis 85 ans que la Belgique est libre et indépendante.

Une nouvelle liste a été publiée le 30 septembre par le « Groot-Nederlandsch Persbureau ». Elle comprend 9 noms : J. A. Jolles, E. J. Kossmann, A. Vlamynck, J. L. M. Eggen, T. Vernieuwe, F. Brulez, A. Claus, R. Speleers, E.Van Bockstaele. Il est intéressant de constater que le Dr Jolles a été antérieurement maître de conférences à l'université de Berlin, qu'il est naturalisé allemand et a combattu dans l'armée allemande. La plupart des autres sont des avocats et des médecins de Gand. Les renseignements font défaut sur leurs capacités scientifiques.

La publication de la nouvelle liste avec le nom du Dr Jolles en tête provoqua une violente protestation de la part d'un des signataires du manifeste des Cent, le D[r] De Cock, autrefois attaché à l'université de Louvain. Dans une déclaration publique qui parut d'abord dans le journal *Tijd*, il écrivait entre autres choses : « Une université flamande à Gand me paraît désirable en tout temps ; mais il faut qu'elle soit purement flamande ou tout au moins néerlandaise. Elle ne saurait compter dans son personnel enseignant des gens dont les mains sont encore rougies du sang de nos frères ». Et en donnant ce motif qui ne laissait place à aucune équivoque, il retira loyalèment sa signature.

La dernière et la plus scandaleuse de toutes les nominations eut lieu en octobre 1916, lorsque le professeur hollandais J. H. Labberton fut appelé à Gand pour y enseigner le droit des gens et la philosophie morale. Or M. Labberton est l'auteur d'une publication trop fameuse intitulée *De Belgische neutraliteit geschonden* (Amsterdam 1915) [1], dont il existe une traduction allemande sous ce titre : *Die sittliche Berechtigung der Verletzung der belgischen Neutralität* [2] (Berlin, Karl Curtius, éditeur, 1916) ; un professeur d'université allemande, M. K. D. Bülbring, de Bonn, ne dédaigna pas d'écrire une préface à cette traduction. M. Labberton considère la violation de la neutralité belge comme une nouvelle formation ou recréation morale (*nieuw-schepping*), comme une preuve de génialité éthique ; il part de ce principe que la Prusse est le centre moral, le noyau sain de l'Europe, d'où doit venir finalement la renaissance morale de notre monde moribond. C'est pourquoi il faut que tous « apprennent à penser et à sentir conformément à la morale supérieure que l'Allemagne a inaugurée

[1] « La violation de la neutralité belge ».

[2] « La justification morale de la violation de la neutralité belge ».

par son grand acte historique ». M. Labberton pense
en effet que pour décider du juste ou de l'injuste
l'appréciation de la valeur morale d'un peuple a
une importance décisive ; or comme les Allemands
sont à un niveau incomparablement plus élevé que
les autres nations, leurs actes doivent être l'expression de la morale la plus haute. On comprend
sans peine qu'un gouverneur général allemand doive
estimer qu'un homme capable de philosopher de la
sorte est fait pour enseigner la morale et le droit
des gens à l'université de Gand.

Comme le montrent les renseignements que
nous venons de produire, il y eut une solidarité
remarquable entre les professeurs d'université. En
ce qui concerne les étudiants, il sera sans doute
plus facile de briser leur force de résistance. Sous
l'influence des milieux catholiques allemands,
les autorités d'occupation ont fait une active pro-
pagande parmi les étudiants de langue flamande
et une proclamation les a invités à se rallier à la
réforme universitaire et à demander une sépara-
tion administrative entre Flamands et Wallons.
J'ignore comment la majorité des étudiants a accueilli cet appel ; je sais seulement qu'en beaucoup
d'endroits il a rencontré une vive opposition et
que des ecclésiastiques belges ont adjuré la jeunesse flamande de ne pas faillir à son devoir en-

vers la patrie en ces temps de tribulations. Le plus zélé des catholiques protestataires, le Père Schmidtz, ne peut plus exercer d'influence sur les étudiants, ayant été jeté en prison pour les propos qu'il avait tenus.

J'attire l'attention sur ce fait intéressant que cette proclamation (« Oproep aan alle Vlaamsche Katholieke Studenten ») revendique une Flandre absolument libre et autonome et se plaint que ce pays ait vécu 85 années dans l'oppression. Malheureusement on ignore la qualité et le nombre des personnalités qui ont lancé ce singulier appel. Pas une signature. Le factum émane de « een Groep Katholiek-Vlaamsche Studenten». Si vraiment il a été rédigé par des étudiants flamands, on comprend fort bien que ceux-ci n'aient pas osé publier leurs noms et qu'ils aient préféré se cacher derrière un piteux anonymat.

Après qu'on eut mobilisé, comme nous venons de le voir, un effectif à peu près présentable — au point de vue quantitatif — de professeurs d'université, après que la jeunesse étudiante eut été influencée par divers moyens, on ouvrit la nouvelle université germano-flamande de Gand le 24 octobre 1916. Le gouverneur général commença la séance par un long compte rendu en allemand, après quoi M. P. Hoffmann, un Luxembourgeois d'éducation allemande qui a accepté les fonctions de recteur, prononça le discours d'inauguration de cette solennité que l'avenir jugera encore plus sévèrement peut-être que les contemporains.

Le gouverneur général termina comme il suit son exposé : « Ainsi donc les Allemands et les Flamands ont travaillé à une œuvre commune, dans un esprit de confiance réciproque et d'entente parfaite. De Raet avait inscrit comme épigraphe de sa première publication sur l'université flamande ces paroles : « Deux Valkyries, deux sœurs héroïques, gouvernent le monde, la pensée et l'épée ». Un merveilleux décret de la Providence a voulu que cette phrase, écrite en 1892, se réalisât comme une prophétie par la fondation de la nouvelle université de Gand. Cette université est le fruit de la pensée des nombreux hommes qu'affligeait la destinée subie par les Flamands pendant de longues années de luttes et d'insuccès. Le Dieu de la guerre a présidé, l'épée hors du fourreau, au baptême de la nouvelle institution. »

C'était en vérité le Dieu de la guerre qui, l'épée tirée, régnait à Gand le 24 octobre, et y régnait à la fois dans l'université et en dehors d'elle.

Un établissement flamand d'enseignement supérieur donné comme devant être l'expression de la

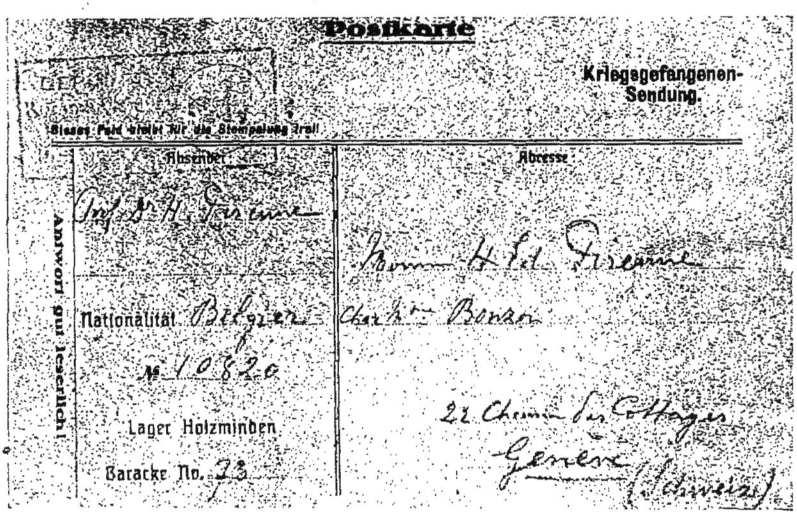

CARTE POSTALE DE M. PIRENNE (RECTO)

CARTE POSTALE DE M. PIRENNE (VERSO)

culture et de la vie intellectuelle flamandes, était
ouvert contre le vœu de la population flamande et
inauguré avec accompagnement de discours en allemand, par un général allemand et par un recteur
à demi allemand.

Mais ce n'est pas tout. Par une ironie cruelle
de la destinée, la population de Gand se préoccupa
fort peu de ce qui se passait ce jour-là derrière les
murs de l'université. Il n'y eut aucune démonstra-
tion; on n'observa ni enthousiasme ni irritation.
Les esprits étaient exclusivement occupés par les
dernières mesures administratives allemandes et l'on
attendait avec angoisse et affliction le moment où
elles entreraient en vigueur.

Le jour même où le gouverneur général inaugu-
rait son cadeau magnanime à la population flamande et prononçait de grandes phrases sur la
confiance réciproque et l'harmonie entre les Allemands et les Flamands, il faisait déporter en Allemagne cinq mille ouvriers de la ville de Gand.
Cinq mille braves Flamands furent arrachés contre
leur gré à leurs foyers, et on les conduisit sous es-
corte à la gare où on les embarqua pour leur nouvelle destination.

Peut-on imaginer une meilleure illustration de
l'état réel des choses en Belgique ? Et l'ennemi le
plus acharné de l'Allemagne eût-il rêvé un cadre

plus saisissant à l'inauguration de l'université
allemande que la déportation en masse des Flamands organisée par le gouverneur général lui-
même ?

M. von Bissing avait raison quand il faisait allusion aux deux « sœurs héroïques » qui dirigent le
monde, la pensée et le sabre. Mais on peut trouver qu'il manquait un peu de sagesse en signifiant
le 24 octobre, d'une façon si éclatante, que c'était
le sabre qui détenait le haut commandement et que
la pensée était mise au rancart.

VII

Les professeurs hollandais et le gouverneur général.

Je poursuis mon analyse de la réponse allemande.
Parlant du fonctionnement futur de l'université flamande, elle nous donne ce renseignement très
curieux : « Il sera procédé sous peu à la nomination d'un nombre important de Flamands ainsi
que de Hollandais au poste de professeur. »

Les nominations annoncées ont été faites depuis
lors ; mais je ne puis m'empêcher de penser que
dans le passage cité l'auteur de la réponse a laissé
échapper un aveu bien compromettant.

Tout lecteur se demandera sans doute avec

étonnement : mais s'il y a tant de Flamands qui veulent bien faire des conférences à cette université, comment se fait-il qu'on ait besoin de recourir à des Hollandais ? Si l'on y recourt, c'est donc que l'offre est insuffisante, c'est donc que l'université flamande fondée par le gouvernement allemand n'est pas si bien vue des Flamands qu'on veut nous le faire croire.

Une autre question que cette même phrase imprudente nous oblige à poser à l'auteur de la réponse est celle-ci : n'a-t-il donc pas la moindre idée de ce que pensent les savants hollandais de la réforme universitaire du gouverneur ? Ne connaît-il pas la protestation très grave que 179 savants hollandais ont adressée, au commencement du mois dernier, aux universités, aux sociétés savantes et aux académies de l'Allemagne à l'occasion de l'arrestation des professeurs belges ? Et ignore-t-il de quel œil des savants honorables de Hollande considèrent la tentative faite par les Allemands pour recruter des professeurs dans leur pays ?

Je suis presque obligé de supposer qu'il doit s'agir ici d'une ignorance pure et simple des faits réels, et c'est pourquoi je saisis volontiers l'occasion pour exposer ces faits avec quelque détail.

Non seulement les professeurs hollandais ont opposé un refus absolu aux offres alléchantes de l'Allemagne, mais ils ont même exprimé de la façon la moins équivoque leur indignation de ce que l'on ait pu, dans les circonstances actuelles, leur faire de pareilles offres.

Dans la revue hollandaise *De Amsterdammer* (5 août) M. van Hamel, professeur de droit, a examiné la question tout au long. Il commence par déclarer que, selon sa conviction, la fondation d'une université flamande est de la plus grande importance pour la population flamande ; mais il proteste avec énergie contre la prétention de l'Allemagne d'instituer cette université. Il proteste aussi au nom de sa dignité de citoyen hollandais contre les tentatives des Allemands pour débaucher de Hollande des savants de bonne volonté destinés à enseigner dans l'université de Gand devenue flamande il est vrai, mais sous une forme imposée par un conquérant étranger. Le raisonnement de M. van Hamel, remarquablement clair et droit, présente un grand intérêt. Je le traduis littéralement :

« L'opinion générale en Hollande est que le Hollandais qui se prêterait à une combinaison de ce genre rendrait en fait un service de guerre important à une puissance belligérante et se comporterait comme un combattant intellectuel en travaillant à réaliser le plan allemand, qui est d'affaiblir l'Etat belge et d'exciter les Belges contre leur gouvernement.

» Au temps où la Belgique était libre, nous avons appuyé énergiquement le projet de transformation de l'université et nous ne manquerons pas de le défendre de nouveau et avec plus de force encore dès que la Belgique sera redevenue libre. Mais quand nous voyons le gouvernement allemand d'occupation procéder à la flamandisation de l'université, nous avons affaire à une manœuvre purement politique qui ne saurait nous inspirer aucune confiance.

» L'enrôlement intellectuel qu'on essaie de pratiquer en ce moment dans notre pays n'est pas essentiellement différent de l'enrôlement militaire qui est interdit chez les neutres, et en tous cas les Hollandais qui mettent leur science au service d'une puissance belligérante perdront nécessairement de ce fait leurs droits de citoyens hollandais.

» Il est impossible que notre gouvernement approuve de tels actes, et il est certain que ces agents à la solde de l'Allemagne perdront toute sympathie chez la majorité de leurs compatriotes. »

Comme il ressort d'une observation, — au reste très succincte, — contenue dans le dernier an-

nuaire de l'université d'Amsterdam, le recteur de
cette université considère lui aussi comme un acte
répréhensible d'accepter les offres du gouvernement allemand et d'aider ainsi la puissance d'occupation à réaliser ses plans. La déclaration du
recteur, conçue en termes très diplomatiques, ap-
pela une protestation de la part du professeur
Rodenstein, mais le recteur maintint son point de
vue dans une réplique brève et nette qui se ter-
minait par ces mots : « Quiconque commet l'acte
« sensationnel » qui consiste à accepter une fonction du gouvernement allemand dans la Belgique
occupée, doit comprendre qu'il s'expose à être
blâmé. »

Les savants du monde entier éprouveront une
joie profonde en prenant connaissance de ces
belles expressions de l'esprit de solidarité qui
anime les professeurs hollandais et qui les pousse
à faire cause commune avec leurs malheureux
collègues belges.

Comme nous l'avons indiqué, c'est un fait que
plusieurs Hollandais ont néanmoins pris du service dans l'université du gouverneur. Mais un
autre fait, c'est que leur conduite a été l'objet de
sévères critiques dans leur propre pays. Le grand
journal socialiste *Het Volk* du 14 septembre a,
sous ce titre ironique « Le fameux trio », cloué

au pilori les trois nouveaux professeurs d'université et adressé en même temps les plus durs reproches aux Allemands pour leur conduite en Belgique. Je traduis : « La tyrannie allemande continue d'opprimer et de pressurer l'infortunée Belgique. Prêtres, hommes politiques, savants, petits bourgeois qui cherchent à servir leur pays sont exilés, emprisonnés, condamnés aux travaux forcés ou fusillés sous le prétexte qu'ils se sont rendus coupables de haute trahison, et sur les tombes des victimes on appose cette inscription : « Ci-gît un espion », — tentative impuissante pour déshonorer des morts. »

Le journal poursuit sur ce ton, et il ajoute que s'il ne proteste pas quotidiennement contre les injustices allemandes, il a pour cela diverses raisons dont l'une est qu'il ne veut pas cultiver systématiquement la haine, mais il lui est impossible de se taire quand il voit des Hollandais faire le jeu du conquérant. Je traduis de nouveau : « Les ruines de l'université de Louvain fument encore, et sous le faux prétexte d'encourager la science, les incendiaires sont déjà prêts à faire de nouveaux ravages, cette fois dans l'union morale de leurs victimes belges. De nombreux savants belges ont dignement refusé l' « honneur » d'occuper de telles chaires professorales. » Le journal s'indigne ensuite que l'on ait pu décider trois Hollandais à servir dans l'université de von Bissing. Il publie leurs noms et continue ainsi : « Cet illustre trio, qui certainement n'eût jamais obtenu un pareil avancement dans son propre pays, conquiert de ce fait une célébrité dont il eût été privé en temps normal ; les trois transfuges doivent être considérés comme des chevaliers d'industrie de la plus déplorable espèce, et ils peuvent être persuadés que la considération dont ils jouissent parmi nous comme en général parmi tous leurs compatriotes est aussi faible que possible. »

Des idées analogues ont été exprimées par l'un des plus grands quotidiens de la Hollande, le *Nieuwe Rotterdamsche Courant*, qui par ailleurs témoigne beaucoup de sympathie pour le mouvement flamingant. Ce journal déclare que dans les milieux savants de la Hollande on est unanime à penser qu'aussi longtemps que la Belgique se trouvera sous le joug étranger, aucun Hollandais ne doit accepter de fonction publique dans ce pays.

Je terminais mon article en disant que le gouvernement d'occupation s'était brisé le front contre l'union morale des Belges ; maintenant que nous connaissons l'attitude loyale des savants hollandais, je puis ajouter qu'il s'est également heurté au sentiment de confraternité qui unit les savants belges et les savants étrangers.

En faisant observer que l'on s'efforce d'attacher des savants hollandais à l'université de Gand, la réponse allemande prouve clairement que la réforme universitaire du gouverneur n'a pas été seulement dans la pensée de ses auteurs un acte d'humanité destiné à redresser une vieille injustice commise à l'égard des Flamands, mais qu'elle poursuit aussi un but purement politique. Comme on l'a indiqué à plusieurs reprises, les Allemands ont avoué franchement qu'ils voulaient enfoncer un coin entre les Wallons et les Flamands et amener ainsi une scission dans l'État belge. La note allemande nous prouve que l'on travaille à ce résultat en soutenant en même temps le mouvement dit «pannéerlandais» lequel vise à englober dans une même confédération la Hollande, les Flandres et l'Afrique du Sud. Nous avons une preuve directe de ce fait dans la réponse allemande elle-même, qui parle dès le début de la transformation de l'université de Gand en une école supérieure flamando-néerlandaise (*Umwandlung in eine vlämisch-niederländische Hochschule*). Cette expresssion est du plus grand intérêt ; par ailleurs dans la note-réponse il n'est question que d'une université « flamande ».

VIII

La force et le droit.

En me répondant par une note la légation allemande de Stockohlm m'a jeté le gant ; je l'ai saisi et j'ai répondu au défi.

La légation allemande a protesté contre mon exposé des faits qui se rattachent à la réforme universitaire et prétendu que j'étais mal renseigné. J'espère que le copieux appareil de preuves que j'ai rassemblé et mis en œuvre convaincra tout lecteur impartial que ce n'est pas moi qui ai été incomplètement et inexactement informé.

Dans ce qui précède, j'ai essayé, par une série d'enquêtes détaillées, d'éclairer de divers côtés la réforme de l'Université de Gand. Je présenterai en guise de conclusion quelques considérations générales sur la question et sur sa portée.

La question de la fondation d'une Université flamande n'était avant la guerre qu'une question intérieure, une affaire belge, que très peu de gens certainement connaissaient en dehors de la Belgique et que moins de gens encore comprenaient comme il fallait. Elle est maintenant devenue une affaire de grande importance dont on suit partout les péripéties avec un intérêt passionné.

Naturellement toute cette question extrêmement épineuse aurait dû être laissée de côté pendant la guerre, mais les diplomates allemands en avaient décidé autrement. Il fallait faire servir la réforme universitaire à des fins politiques, et le 31 décembre 1915 le baron von Bissing promulguait son décret.

Comme le savent tous les hommes du métier, une réforme universitaire, surtout quand elle est aussi radicale que celle dont il s'agit, est une affaire grave et fort compliquée. Elle exige non seulement l'intelligence d'une foule de questions scientifiques, pédagogiques et sociales, mais aussi une étude approfondie, impartiale, technique, si l'on veut qu'elle ait des chances de se faire sans secousse et de durer.

Que le baron von Bissing, en sa qualité de gouverneur général, ait eu les pouvoirs et l'autorité nécessaires pour imposer une réforme d'université, cela va de soi; mais qu'il ait eu en qualité de général la compétence voulue, c'est une tout autre question. Qu'il n'ait pas eu jusqu'à présent la main heureuse, c'est ce qui est évident pour tout le monde.

La réforme universitaire devait être un cadeau offert par la magnanimité du vainqueur à la population flamande vaincue. Elle devait amener la réconciliation et porter un noble témoignage des véritables sentiments des Allemands pour la race-sœur libérée ; elle devait en même temps élargir le fossé qui séparait les Flamands des Wallons et contribuer à la rupture définitive des relations politiques et intellectuelles entre les éléments germaniques et les éléments romans de la Belgique.

A première vue, ce plan pouvait paraître presque génial ; mais il présentait un défaut, et même un défaut essentiel. Dans toutes leurs spéculations et leurs calculs, les Allemands avaient oublié le changement qui s'était produit dans les sentiments des Belges après la violation de leur neutralité et les atrocités des mois d'août et septembre 1914. Les Flamands avaient mêlé leur sang à celui des Wallons sur les champs de bataille de Liége, de Dinant, de Malines et d'Ypres. Un esprit nouveau s'était développé dans cette lutte pour la liberté de la patrie commune ; Flamands et Wallons avaient conscience de ne faire qu'un seul peuple ; ils étaient des Belges et combattaient côte à côte contre le même ennemi.

J'ai déjà cité plusieurs déclarations par lesquelles s'affirme l'union parfaite du peuple belge au cours de cette guerre ; j'en citerai encore une, que nous devons à l'éminent leader flamingant Stijn Streuvels. Sans doute, écrit-il, il est vrai qu'avant 1914 les Flamands avaient souvent l'impression d'être des étrangers dans leur propre pays, mais les choses ont complètement changé pendant la guerre. Un sentiment national puissant, un patriotisme belge s'est subitement développé dans toute la population flamande. J'ai pu le constater par moi-même, dit-il; j'ai vu ce sentiment nouveau surgir et croître à mesure que les événements se déroulaient. Quelle que soit l'issue de la guerre, elle aura créé une Belgique nouvelle, dont la solidité sera assurée, même si les anciennes querelles viennent à se rallumer.

A ces constatations M. Streuvels ajoute des considérations sur le sort qui serait réservé à la Flandre si elle était annexée par l'Allemagne : « Ceux qui nourrissent des sentiments nettement germanophiles peuvent penser que nous obtiendrions des avantages sociaux et économiques à être englobés dans la grande confédération germanique. Mais ma conviction est que, si cela se produit, même en admettant que nous conservions tous nos droits et toutes nos libertés, c'en sera fait pour toujours de notre indépendance de Flamands. » M. Streuvels a un sentiment très vif qu'il existe un « danger allemand », et il voit ce danger dans la culture allemande qui, par son développement, sa force et ses procédés méthodiques, finirait indubitablement par absorber et par dénaturer tout ce qui reste encore de spécifiquement flamand. Maintenant, ajoute-t-il, la guerre a ouvert les yeux de ceux qui ne pouvaient pas voir le danger allemand ; ils croyaient qu'il était de bonne politique de combattre la civilisation française au profit de la culture allemande, et ils ne comprenaient pas que c'était tomber de Charybde en Scylla. La guerre a jeté un pont entre les Flamands et les Wallons.

Le cardinal Mercier a tenu un langage tout à fait analogue. Selon lui également, les Flamands et les Wallons se sont rapprochés et ont fraternisé lorsque les canons allemands ont bombardé Liége et Anvers ; le danger commun leur a fait comprendre ce que signifiait pour eux tous une patrie commune ; en ces jours d'épreuves tous les Belges ont communié dans un véritable esprit de patriotisme belge. Et le souvenir de ces journées pourra devenir fatal au germanisme envahissant.

La réforme universitaire du gouverneur a donc

rencontré une opposition très forte et sans doute très inattendue. Les directeurs de l'opinion belge lui ont été hostiles, et la masse de la population les a suivis. Les professeurs belges ayant refusé catégoriquement leur concours à la nouvelle université, les Allemands cherchèrent une aide en Hollande, où, par suite de la parenté de race et de langue entre les Hollandais et les Flamands, ils espéraient rencontrer des sympathies pour leur projet. Mais s'ils s'étaient heurtés en Belgique à une solidarité nationale d'une force insoupçonnée, ils se heurtèrent en Hollande à une solidarité internationale non moins forte; d'éminents professeurs hollandais reçurent avec mépris la proposition allemande et ne craignirent même pas de la désigner comme une tentative de violation de neutralité.

Les savants du monde entier, — et sans doute aussi bien des gens appartenant à d'autres catégories sociales, — envoient leurs remerciements chaleureux et l'expression de leur admiration aux professeurs, aux leaders influents de Belgique et de Hollande qui n'ont pas voulu courber le dos et ont résisté à des promesses tentantes. Ils ont monté une garde fidèle autour de leurs précieux intérêts communs ; ils ont combattu virilement l'effroyable doctrine de l'évangile du sabre qui veut que la force soit le droit, et ils ont confessé avec l'enthousiasme des martyrs leur foi dans l'idéal de la liberté, dans le droit des hommes libres à décider d'eux-mêmes. Ils ont par leur éclatant exemple démontré une fois de plus l'impuissance de la force.

APPENDICE I

La réponse de la légation allemande de Stockholm.

Vers la fin d'août 1916, la légation allemande
de Stockholm envoya la réponse suivante à la
rédaction du journal suédois *Stockholms Tidningen*, avec prière d'insérer. L'insertion eut lieu
dans le numéro du 26 août. Voici le texte original de ce document, auquel nous avons répliqué
dans tout le cours de la présente brochure :

In einem Aufsatz der «Stockholms Tidningen»,
behandelte vor einiger Zeit der dänische Professor
Dr. Nyrop die Angelegenheit der Genter Universität und ihrer vom deutschen Generalgouverneur
beschlossenen Umwandlung in eine vlämisch-niederländische Hochschule. Der Verfasser ging aus
von dem Fall Frédéricq-Pirenne und knüpfte
daran Betrachtungen, die ein vollkommen un-
richtiges Bild gaben.

Was zunächst die Abführung der beiden ge-
nannten Genter Hochschullehrer nach Deutschland
betrifft, so macht sich Nyrop die schon wiederholt

für unrichtig erklärte Fabel zu eigen, dass der
Generalgouverneur Freiherr von Bissing den Professor Frédéricq — andere sagen den Professor Pirenne
— vor sich habe rufen lassen um ihn durch glän-
zende Angebote zur Annahme der Rektorstelle an
der neuen Genter Universität zu bewegen. Beide hätten sich geweigert mit dem Bemerken, sie würden
nur ein Amt übernehmen das von König Albert
käme. Die Strafe für diese heroische Antwort sei die
sofortige Verbannung nach Deutschland gewesen.

Da diese und ähnliche Geschichten immer wieder-
kehren, stellen wir hiemit noch einmal fest: Nie
hat der Generalgouverneur mit einem der beiden
Professoren gesprochen, nie ihnen irgend ein An-
gebot gemacht, auch hat der Generalgouverneur
keine Strafe über sie verhängt. Beide wurden
durch die *Militärbehörde* des Etappengebietes aus
Gent entfernt. Es ist unrichtig, dass sie abge-
führt worden seien, bloss weil sie Gegner einer
vlämischen Hochschule sind und weil sie ihre Vor-
lesungen nicht eröffnen wollten. Dutzende von
Hochschulprofessoren in Gent und Lüttich bleiben
unbehelligt, obwohl sie sich weigerten, ihre Vor-
lesungen wieder aufzunehmen. Frédéricq und
Pirenne jedoch haben die feindliche Gesinnung
gegen die deutsche Macht in die *Tat* umgesetzt,
indem sie gemeinsam im verborgenen gegen Mass-

nahmen der deutschen Behörden agitierten und ihre Kollegen zur Widersetzlichkeit aufmunterten, obwohl sie die den belgischen Staatsbeamten vorgeschriebenen Loyalitätserklärungen gemäss der Haager Konvention unterzeichnet haben.

Beide Professoren handelten dabei auf Grund verbotener Verbindung mit der landesflüchtigen belgischen Regierung, die auf unerlaubten Wegen Weisungen an die Lehrkörper der Universität Gent gelangen liess. Durch dieses Verhalten verstiessen sie gegen die Gesetze der militärischen Sicherheit, die nun einmal im Etappengebiete unbedingt gültig sind, auch für Universitätslehrer. Also hatten sie die Folgen ihrer Handlungsweise zu tragen.

Beiden Professoren ist vor kurzem die Ermächtigung gegeben worden, nach Jena überzusiedeln, um dort, unter denselben Bedingungen wie andere Besucher der Universität ihre Studien zu betreiben.

Was nun die vom Generalgouverneur angeordnete Umwandlung der Genter Universität in eine vlämische Hochschule überhaupt anbelangt, so entspricht sie einer alten Forderung des gesamten vlämischen Volkes, das in ihrer Erfüllung eine unerlässliche Vorbedingung für seine geistige, wirtschaftliche und soziale Wiederaufrichtung erblickt. In langem Kampfe gegen die herrschenden

französisch-wallonischen Schichten hatten es die
Vlamen kurz vor dem Kriege dahin gebracht, dass
sich das Parlament mit einem Antrag auf Umge-
staltung der Genter Hochschule befassen musste,
nachdem der niederländische Sprachstamm in
Belgien, der die Mehrheit der Bevölkerung dar-
stellt, seit 1830 überhaupt keine eigene Hochschule
mehr gehabt hatte. Der Krieg unterbrach die
weitere Entwicklung der Angelegenheit. Dass die
kraft internationalen Rechts amtierende deutsche
Regierung diese Frage wieder aufnahm, als sie
die Wiedereröffnung des Hochschulunterrichts im
allgemeinen ins Auge fasste, war für sie Pflicht
und Notwendigkeit. Jeder Kundige gibt zu, dass
es sich um unaufschiebbares Lebensinteresse des
vlämischen Volkes handelt, ebenso wie bei der
vom deutschen Generalgouverneur angeordneten
Durchführung der von den Belgiern zwar erlas-
senen, aber nie richtig angewandten vlämischen
Sprachgesetze auf dem Schul- und Verwaltungs-
gebiete. Sowohl nach dem internationalen als auch
nach dem Landesrechte war der Generalgouverneur als Inhaber der höchsten Landesgewalt befugt
zu einer Neuordnung. Die bisherige Anwendung
der französischen Vortragssprache in Gent beruht
keineswegs auf einem Gesetze, sondern lediglich
auf einer Verordnung vom Jahre 1849, die jeder-

zeit durch eine andere Verfügung der höchsten
Landesgewalt abgeändert werden konnte.

Wenn nun Professor Nyrop in seinem Artikel
behauptet, dass «alle Vlamen sich bestimmt weigerten, irgend etwas aus Feindeshand anzunehmen
und dass auch die eifrigsten Flaminganten der
Errichtung einer vlämischen Universität unter den
jetzigen Verhältnissen entgegentreten,» so steht
diese Behauptung mit den Tatsachen in geradem
Widerspruch. Gewiss hat der Antwerpener Ab-
geordnete Franck ein Gesuch an den Generalgouverneur gerichtet, er möge von seinem Vor-
haben abstehen. Ganze 38 Unterschriften sind
aus dem Vlamenlande für dieses Gesuch zusam-
mengekommen. Neben denjenigen einiger be-
kannter Parteipolitiker, die als Urheber des Schrit-
tes angesehen werden müssen, meist solche von
harmlosen unpolitischen Künstlern, Musikern, Be-
amten, welche von jenen Parteipolitikern künstlich
in die Sache hineingezogen worden sind. Dagegen
hat von den bekannten Führern der grossen na-
tional-vlämischen Organisation *nicht einer* unter-
schrieben. Wohl aber erhoben sich in der Oeffent-
lichkeit alsbald lebhafte Proteste gegen das Vor-
gehen des Abgeordneten Franck. Auch seine beiden
Antwerpener Parlamentskollegen Augusteyns und
Hendrikx traten mit den übrigen Führern der

vlämischen Partei in Antwerpen mit aller Entschiedenheit gegen ihn auf und erklärten sich für die Massnahme des Generalgouverneurs. Ihnen schloss sich der « Allgemeine Niederländische Verband » in Antwerpen und Brüssel, der «Nationaal Vlaamsch Verbond», verschiedene grosse vlämische Akademiker- und Studentenverbände, die Groeninger Wacht usw. an.

Wenn also Professor Nyrop behauptet, der Franck'sche Einspruch vergegenwärtige die ganze Partei, die vor 1914 für die vlämische Kultur kämpfte und alle leitenden Männer dieser Bewegung hätten ihm zugestimmt, so verrät er mit dieser Aufstellung eine gänzliche Unkenntnis der wahren Sachlage, wovon er sich in Flandern selbst jederzeit überzeugen kann.

Vor einigen Tagen ist die angesehenste von den alten vlämischen Vereinigungen, der «National Vlaamsch Verbond», mit einem grossen Aufruf an die Neutralen herangetreten, der sich auch an die skandinavischen Staaten richtet. In Schweden und Norwegen wird man daraus ersehen, wie die wirklich leitenden Männer der vlämischen Bewegung in Wahrheit denken.

Was nun den «bestimmten und unzweideutigen Widerstand» der belgischen Universitätsprofessoren betrifft, von dem Herr Nyrop spricht, so ist darüber allerdings kein Zweifel, dass die überwiegende Mehrzahl unter dem unrechtmässigen Drucke ihrer früheren Regierung es abgelehnt hat, an einer vlämischen Universität mitzuwirken. Wie sollte das auch anders sein? Sind doch weitaus die meisten Professoren von jeher Gegner einer vlämischen Universität gewesen, da sie dem französischen Sprachstamme angehören, oder aber er mit der vlamengegnerischen Partei hielten. Das vlämische Volk jedoch denkt gank anders, es *will* seine Hochschule haben. Es weiss auch, dass es nicht ein « Geschenk aus deutschen Händen » bekommt, sondern die recht- und gesetzmässige Erfüllung eines unabweisbaren wohlbegründeten Anspruches. Dieser Rechtmässigkeit geschieht keinerlei Eintrag durch den Umstand, dass der derzeitige Inhaber der höchsten Landesgewalt, der die Ordnung zur Einführung der niederländischen Lehrsprache gab und die nötigen Mittel im Budget dafür einstellen liess, ein deutscher Generalgouverneur ist. So wird denn die Durchführung der Anordnung unter regelrechter Mitwirkung des belgischen Ministeriums selbst auf ordnungsmässigem Wege vor sich gehen. Die Vorbereitungen sind schon ziemlich vorgeschritten. Die Neuernennung einer erheblichen Anzahl von Vlamen, zum Teil auch Holländern zu Professoren steht bevor, sodass

unter Hinzurechnung derjenigen Genter Hochschullehrer, die die Fortsetzung ihrer Lehrtätigkeit
bereits zugesagt haben, voraussichtlich bis zum
Herbst ein ausreichender Lehrkörper vorhanden
sein wird. Eine erhebliche Anzahl von Studenten
wartet auf die Eröffnung der Kurse, um sich an
den Studien zu beteiligen. Herr Nyrop sieht also:
Es handelt sich gar nicht um eine deutsche, sondern um die vlämische Sache. Und die grosse
Mehrzahl der Vlamen weiss, dass sie ihre Hochschule gerade bei der heutigen Lage ihres Stam-
mes nötiger brauchen denn je, als Bollwerk ihres
niederländischen Volkstums und zur Sicherung
seiner Zukunft, wie sich auch Belgiens Geschicke
sonst entscheiden mögen.

APPENDICE II

La Lettre du général von Bissing.

La lettre suivante a été adressée à un linguiste
suédois très connu (voir ci-dessus p. 29), qui en
possède l'original. Il n'a pas cru devoir me la
prêter ; mais il m'en a communiqué une traduction
suédoise, dont il garantit la fidélité. Malgré cette
garantie, je regrette vivement de ne pouvoir citer
ici le texte allemand, et je ne puis m'empêcher

d'exprimer ma surprise du refus opposé à ma demande par mon collègue suédois, d'autant qu'il considère lui-même cette lettre comme un document officiel puisqu'il l'a présentée à l'Académie suédoise et en a publié une traduction.

Bruxelles, le 9 juillet 1916.

Monsieur le Professeur,

Je défère volontiers à votre désir de recevoir des éclaircissements sur l'affaire Pirenne ; je ne puis qu'être satisfait que l'on rectifie, comme vous allez le faire devant l'Académie des Sciences de Suède [1], les inexactitudes répandues à l'étranger au sujet de la déportation des professeurs Pirenne et Frédéricq.

Permettez donc que je commence par qualifier de légende le récit suivant que nos ennemis ont fait circuler en Suède comme ailleurs : j'aurais convoqué le professeur Pirenne (d'autres disent le professeur Frédéricq) pour essayer de le décider par des promesses brillantes à accepter le rectorat de la nouvelle université flamande. Il aurait refusé l'offre, à la suite de quoi je lui aurais infligé la peine de la déportation en Allemagne.

Or jamais, au cours de mon administration, jamais je n'ai adressé cette proposition ni aucune

[1] En fait : l'Académie de Littérature, Histoire et Archéologie.

offre analogue à aucun de ces deux professeurs, et même je n'ai jamais adressé la parole à aucun d'eux. Je ne leur ai pas non plus infligé de punition. Tous deux ont été transportés en Allemagne sur l'ordre de l'autorité militaire qui commande le domaine d'étape auquel appartient Gand ; et ils l'ont été parce qu'ils usaient, par des moyens interdits, de leur influence sur leurs collègues pour les détourner de leurs devoirs professionnels, et se servaient dans ce but d'ordres illégaux que le gouvernement belge avait fait parvenir secrètement par la Hollande au conseil de l'université de Gand. Ils avaient enfreint de la sorte la déclaration de loyalisme que les fonctionnaires belges, y compris les professeurs de Gand, avaient remise entre les mains des autorités d'occupation conformément à la convention de La Haye. Les autorités militaires ont vu dans leur conduite une infraction aux lois militaires rigoureuses en vigueur dans le domaine d'étape et ont fait conduire en Allemagne les deux professeurs.

Il est donc inexact que MM. Pirenne et Frédéricq aient été appelés par moi à répondre de leurs actes et déportés par moi pour cette seule raison qu'ils étaient adversaires de l'université flamande de Gand et qu'ils ont refusé de reprendre leurs conférences. Aucun des autres professeurs ayant opposé le même refus n'a été accusé de ce chef ; ils vivent en Belgique comme auparavant.

Disposant de l'autorité suprême, j'avais le droit d'exiger, en vertu de leurs déclarations officielles de loyalisme et conformément aux lois du pays ainsi qu'aux règles juridiques internationales que ces professeurs reprissent leur service universitaire ; j'avais le droit de répondre à un refus par la révocation et la suppression du traitement ; cependant j'ai laissé les professeurs en question conserver, selon l'usage, les deux tiers de leur traitement comme indemnité d'attente.

Quant à MM. Pirenne et Frédéricq, ils ont été, pour les motifs indiqués, transférés dans un camp d'officiers prisonniers en Allemagne. Aussitôt après leur départ, j'ai recommandé aux autorités militaires compétentes de leur assigner comme lieu de déportation une ville universitaire allemande afin qu'ils pussent s'y mouvoir librement et y reprendre à leur gré leurs travaux. S'il n'a pas été donné suite finalement à cette recommandation, c'est avant tout parce que M. Frédéricq a exprimé formellement le désir de rester dans son camp d'officiers prisonniers.

J'espère vous avoir mis à même par ces explications de présenter un compte rendu satisfaisant à l'Académie suédoise.

Je vous adresse mes plus sincères remerciements pour l'expression amicale de votre sympathie et pour votre obligeance à répandre, dans
l'intérêt de l'Allemagne, les explications dont il
s'agit.

Je vous prie d'agréer ma très haute considération.

BARON VON BISSING,
gouverneur général.

TABLE DES MATIÈRES

GRAVURES

Les villes martyres de France et de Belgique

par Marius Vachon

Statistique des villes et villages détruits par les Allemands dans les
deux pays, avec 41 vues de villes et de monuments historiques avant
et après leur incendie.

L'auteur, dont la compétence est connue, décrit sommaire-
ment les villes d'art et les monuments bombardés et incen-
diés par les Allemands, dresse le sinistre inventaire des dégâts et analyse l'organisation scientifique du vandalisme allemand. Cette histoire du massacre des belles choses d'art,
complétée par une illustration saisissante, est une réponse
admirable aux mensonges officiels allemands.

In-18. 2 fr. 50

Albert et Elisabeth de Belgique

par Maria Biermé

Préface d'ÉMILE VERHAEREN

« Ce livre fourmille de souvenirs. Il vient à son heure. Il
constitue un précieux témoignage, dit M. Verhaeren. La vie
combien touchante et éclairée de nos souverains, y est notée
quasi jour après jour, si bien que les faits s'enchaînent aux
faits, font comme une guirlande autour du groupe dynastique
qu'ils forment avec leurs enfants... L'anecdote choisie et
taillée me fait songer aux mille petites pierres dont l'ajuste-
ment constitue la solide et grave mosaïque d'une histoire. »

In-16. 3.50

La Belgique Sociale

Son passé, son avenir et celui des pays alliés

par Henri Heyman

Henri Heyman, écrivain et soldat, est de ceux qui méri-
tent d'être écoutés et suivis parce qu'ils ont fait d'abord eux-
mêmes ce qu'ils conseillent aux autres.

Depuis que la guerre a uni les Français et les Belges dans
une même épreuve et un même espoir, il est plus utile que
jamais qu'ils apprennent à mieux se connaître.

In-16. 3 fr. 50

LAUSANNE — IMPRIMERIES RÉUNIES